La Tierra

William B. Rice

Asesora

JoBea Holt, Ph.D.
The Climate Project
Nashville, Tennessee

Créditos

Dona Herweck Rice, *Gerente de redacción*; Lee Aucoin, *Directora creativa*; Don Tran, *Gerente de diseño y producción;* Timothy J. Bradley, *Gerente de ilustraciones*; Conni Medina, M.A.Ed., *Directora editorial*; Katie Das, *Editora asociada*; Neri Garcia, *Diseñador principal*; Stephanie Reid, *Editora fotográfica*; Rachelle Cracchiolo, M.S.Ed., *Editora comercial*

Créditos fotográficos

portada Stockli/NASA; p.1 Stockli/NASA; p. 4 Ralf Juergen Kraft/Shutterstock; p. 5 Ekaterina Starshaya/Shutterstock; p. 6-7 dezignor/Shutterstock; p. 8 Tatiana Grozetskaya/Shutterstock; p. 9 NASA; p. 10 Troscha/Dreamstime; p. 11 (arriba) Noam Armonn/Shutterstock, (abajo) BlueOrange Studio/Shutterstock; p. 12 Stephanie Reid; p. 13 (arriba) Perov Stanislav/Shutterstock, (abajo) Joao Virissimo/Shutterstock; p. 14 matt/Shutterstock; p. 15 (top) Michael Chamberlin/ Shutterstock, (abajo) James Steidl/Shutterstock; p. 16 Mike McMurray/Shutterstock p.17 (arriba) Judex/Shutterstock, (arriba) Pichugin Dmitry/Shutterstock; p. 18 (izquierda) Zurijeta/Shutterstock, (derecha) digitalskillet/iStockphoto; p. 19 (arriba) Julie DeGuia/Shutterstock, (abajo) Losevsky Pavel/Shutterstock; p. 20 Matthew Cole/Shutterstock; p. 21 OlesiaRu&IvanRu/Shutterstock; p. 22 (izquierda) Noam Armonn/Shutterstock, (derecha) Stephanie Reid; p. 23 Gelpi/Shutterstock; p.24 (arriba) RonTech2000/iStockphoto, (abajo) Stephanie Reid; p. 25 (arriba) Stephanie Reid, (abajo) RonTech2000/iStockphoto; p. 26 Vitaly M/Shutterstock; p.27(arriba) Carmen Martínez Banús/iStockphoto, (abajo) Lucian Coman/Shutterstock; p. 28 Rocket400 Studio/Shutterstock; p.29 Karen Lowe; p. 32 McMullan Co./Newscom

Teacher Created Materials
5301 Oceanus Drive
Huntington Beach, CA 92649-1030
http://www.tcmpub.com

ISBN 978-1-4333-2594-6

Made in China
YiCai.032019.CA201901471

Tabla de contenido

El sistema solar

El **sistema solar** incluye el sol y todo lo que gira a su alrededor. Hay ocho planetas y muchas lunas que **orbitan** alrededor del sol. La Tierra es uno de esos planetas.

El sol es una estrella.

El planeta Tierra

La Tierra es el tercer planeta desde el sol. Está entre Venus y Marte. Los primeros cuatro planetas son pequeños y rocosos. Los siguientes cuatro son grandes y están compuestos principalmente por gas.

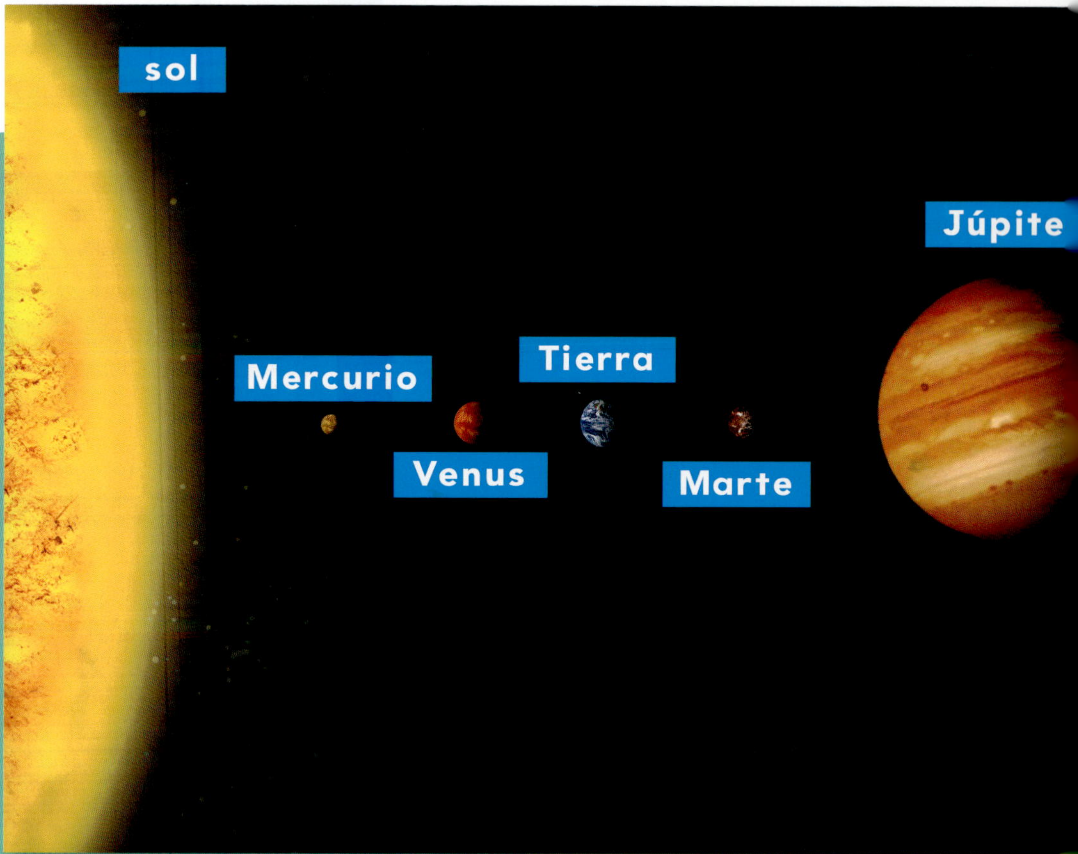

Urano
Neptuno
Saturno

El sol es muy antiguo. ¡Tiene aproximadamente cinco **mil millones** de años! La Tierra es sólo un poco más joven. Cuando la Tierra era muy joven, estaba compuesta sólo por gas y polvo. Ahora está compuesta por rocas, agua y gas.

Pasaron miles de millones de años antes de que la Tierra se viera así.

Al principio, la Tierra era un lugar solitario. ¡No había vida! Pero con el paso del tiempo, la vida se formó. Ahora, hay plantas y animales en casi todos los lugares de la Tierra. ¿Sabías que las personas también son animales?

El color verde del planeta Tierra muestra en qué lugares hay plantas. ¿Qué crees que muestra el color azul?

Madre Tierra

Algunos llaman "madre" a la Tierra. Eso se debe a que la Tierra nos da todo lo que necesitamos, tal como lo hace una madre.

Es posible que no haya vida en ningún otro planeta del sistema solar. La Tierra contiene vida en parte porque hay aire y agua. Aproximadamente el 70 por ciento de la Tierra está cubierto por agua. Las plantas y los animales también viven en el agua.

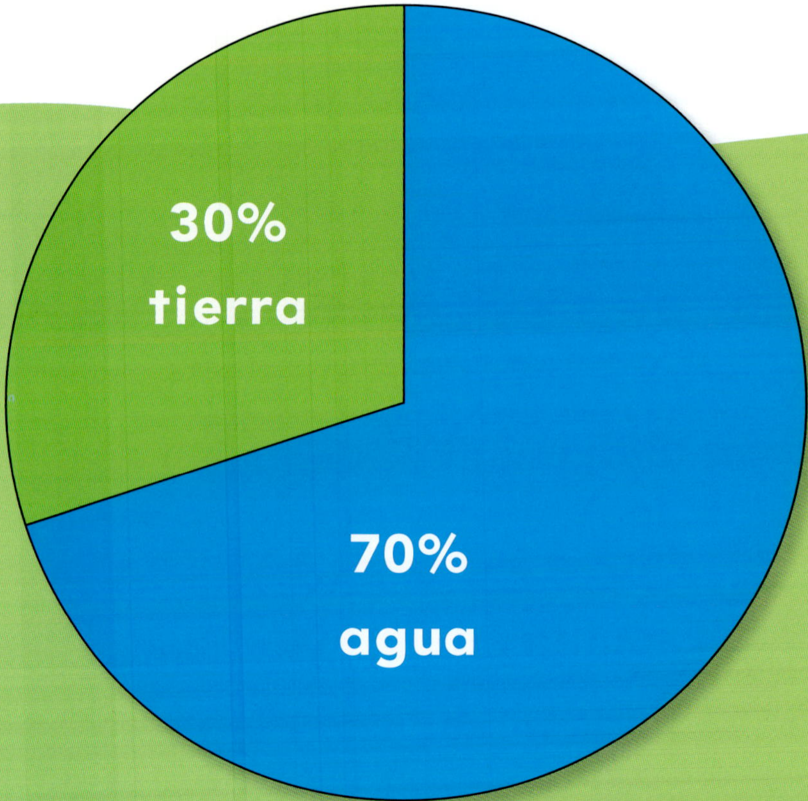

Algunos animales viven tanto en el agua como en la tierra.

Dentro de la Tierra, hay cuatro capas. La capa externa se llama la **corteza terrestre**. La corteza terrestre está compuesta por rocas sólidas. Nosotros vivimos sobre la corteza. La corteza se sienta sobre una roca caliente y blanda que se llama el **manto terrestre**.

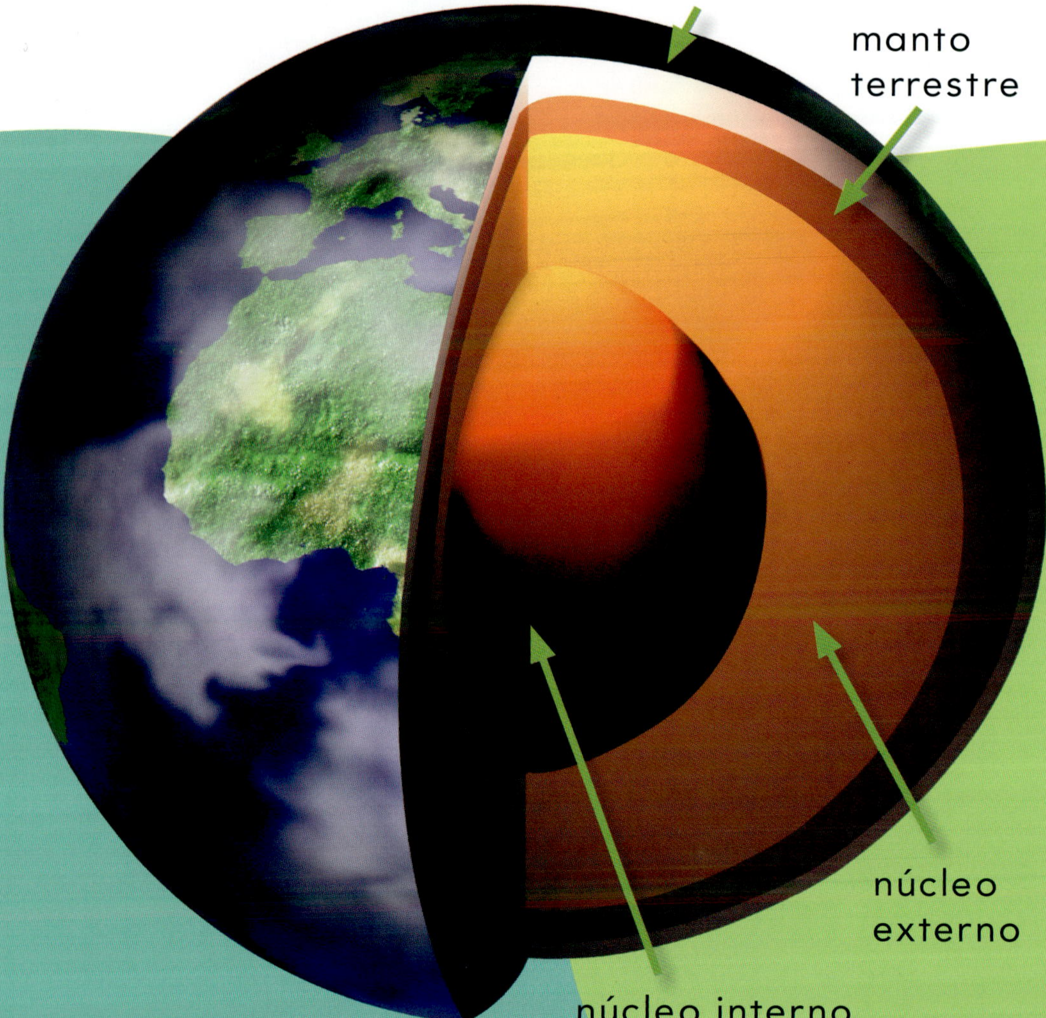

Debajo del manto terrestre está el **núcleo externo**. El núcleo externo está compuesto por hierro líquido. En el centro está el **núcleo interno**. El núcleo interno es hierro caliente y sólido.

¡Con todo el hierro dentro de la Tierra, el planeta parece un imán gigante!

Dentro de la Tierra y sobre ella, las cosas siempre se mueven. El movimiento ayuda a dar forma al planeta. Forma montañas y valles. También forma volcanes.

Las estaciones y el día y la noche

La Tierra orbita alrededor del sol. La Tierra tarda 365 días en completar un giro alrededor del sol. Eso es un año. Cada año tiene cuatro estaciones. Las estaciones se distinguen por la posición de la Tierra alrededor del sol.

primavera

verano

otoño

invierno

La Tierra está **inclinada**. Una inclinación es una pendiente o un ángulo. A medida que la Tierra gira alrededor del sol, una parte de ella se inclina hacia el sol. Es verano allí. Otra parte de la Tierra se inclina en dirección opuesta al sol. Es invierno allí. La primavera y el otoño están en el medio.

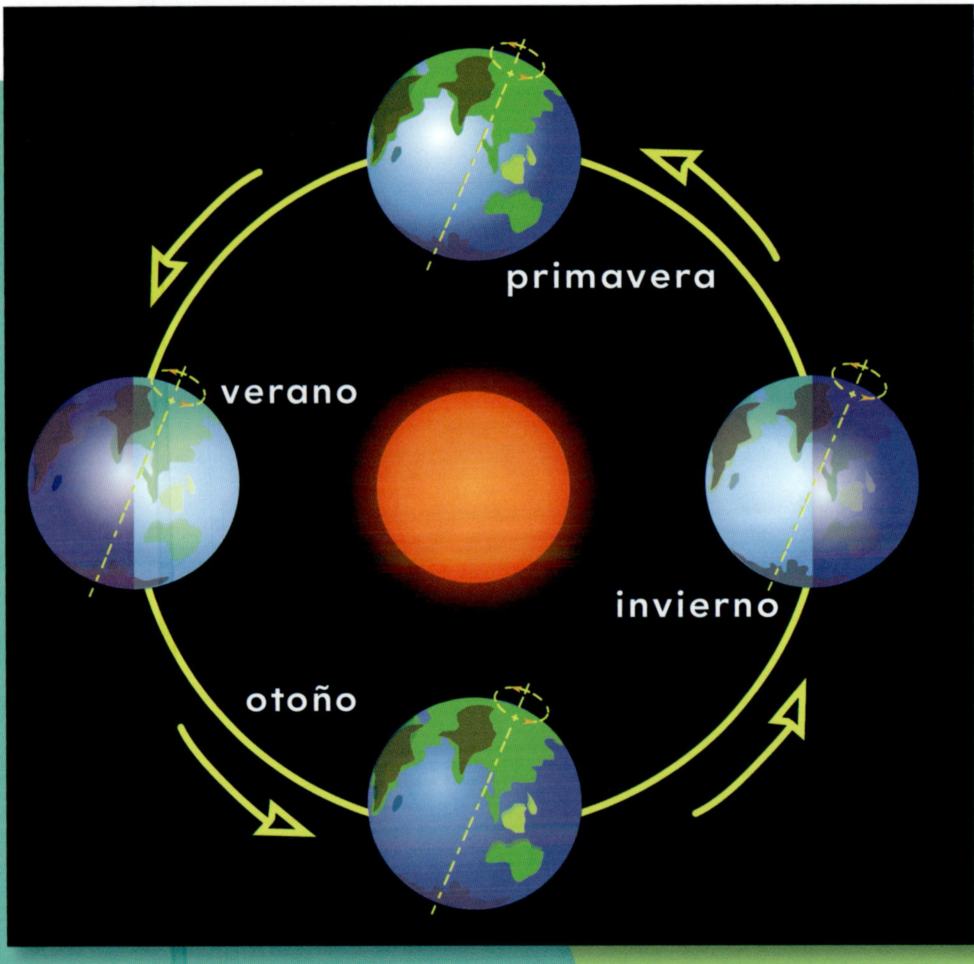

sol
Tierra

A medida que la Tierra se mueve alrededor del sol, también gira sobre sí misma. Cada giro completo es un día. Siempre hay una parte de la Tierra que está frente al sol. Y siempre hay una parte de la Tierra que está de espaldas al sol.

noche

día

Es de día en las partes de la Tierra que están frente al sol. Es de noche en las partes de la Tierra que no están frente al sol.

día

Mira hacia afuera. La parte de la Tierra en donde estás sentado, ¿está frente o no está frente al sol? ¿Cómo lo sabes?

noche

Nuestro hogar

El planeta Tierra es nuestro hogar. Tiene todo lo que necesitamos para vivir. Si cuidamos la Tierra, ¡la Tierra nos cuidará a nosotros!

¡El cuidado de la Madre Tierra está en nuestras manos!

Plantar árboles y flores es un buen modo de cuidar nuestro planeta. ¿Puedes pensar en otros modos?

Laboratorio de ciencias: El día y la noche

Haz esta actividad para aprender sobre el día y la noche.

Materiales:

- esfera de espuma de polietileno
- tachuela
- palillo o lápiz
- linterna

Procedimiento:

1. Coloca la esfera en un extremo del palillo o el lápiz. La esfera es un planeta.
2. Clava la tachuela en alguna parte de la esfera. La tachuela eres tú en el planeta.
3. Sostén el palillo o el lápiz con la mano izquierda.
4. Enciende la linterna. Sostenla con la mano derecha. La linterna es el sol.

5. Apunta la linterna (el sol) hacia la esfera (el planeta).

6. Gira el palillo o el lápiz lentamente. Esto hará girar el planeta.

7. Observa el planeta. Es de día en la parte iluminada. Es de noche en la parte oscura. Si eres la tachuela, ¿es de día o de noche para ti?

8. Mundo real: ¿Ahora es de día o de noche para ti en el mundo real? ¿Dónde está el sol en comparación con donde estás tú?

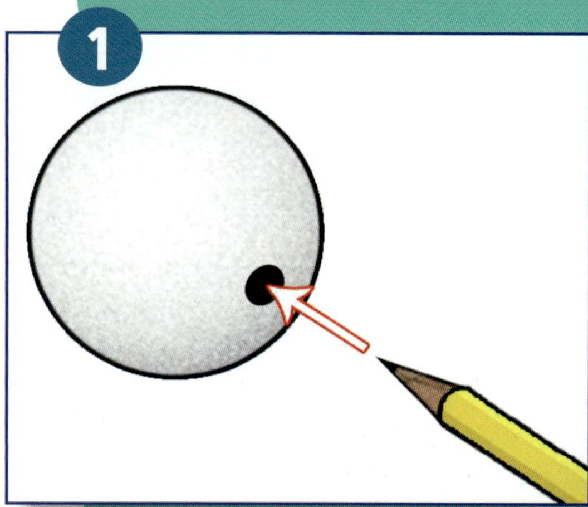

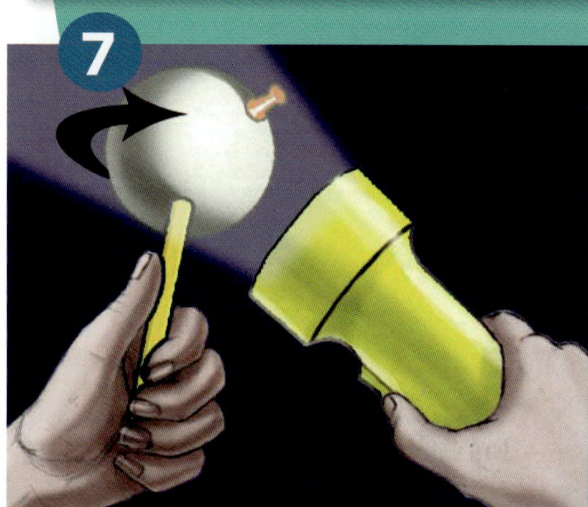

Glosario

corteza terrestre—la capa externa de la Tierra

inclinarse—volcarse hacia un lado

manto terrestre—la segunda capa de la Tierra debajo de la corteza

mil millones—1,000,000,000

núcleo externo—la tercera capa de la Tierra debajo de la corteza

núcleo interno—la capa interna de la Tierra

orbitar—girar en círculos u óvalos alrededor de algo

planetario—edificio o sala donde se utilizan luces, proyectores y maquetas para mostrar cómo es el espacio

sistema solar—el sol y todo lo que gira a su alrededor

Índice

Un científico actual

Neil deGrasse Tyson es un científico que estudia el espacio. Es el director de un **planetario** importante. También habla sobre los planetas y el espacio en programas de televisión. Neil quiere que todos aprendan sobre el espacio.